دار جامعة حمد بن خليفة للنشر
صندوق بريد 5825
الدوحة، دولة قطر

www.hbkupress.com

اختبر وتعلّم مع الليمون

La science est dans LE CITRON

Edition Original: La science est dans le citron.

الطبعة العربية الأولى عام 2020
دار جامعة حمد بن خليفة للنشر

الترقيم الدولي: 9789927141447

تمت الطباعة في بيروت، لبنان

....

مكتبة قطر الوطنية بيانات الفهرسة – أثناء – النشر (فان)

جوغلا، سيسيل، مؤلف.

[Science est dans LE CITRON]. Arabic

اختبر وتعلم مع الليمون / تأليف سيسيل جوغلا، جاك غيشارد ؛ رسوم لوران سيمون. الطبعة العربية الأولى. – الدوحة : دار جامعة حمد بن خليفة للنشر، 2020.

صفحة ؛ سم

تدمك: 978-992-714-144-7

ترجمة لكتاب:.La science est dans LE CITRON

1. الليمون -- أعمال للأطفال. 2. العلوم -- تجارب -- أعمال للأطفال. أ. غيشارد، جاك، 1946- مؤلف مشارك. ب. سيمون، لوران، 1979- رسام. ج. العنوان.

اختبر وتعلَّم مع الليمون

تأليف: سيسيل جوغلا - جاك غيشارد

رسوم: لوران سيمون

دار جامعة حمد بن خليفة للنشر
HAMAD BIN KHALIFA UNIVERSITY PRESS

سيسيل جوغلا مؤلفة الكتب لليافعين مقتنعة تمامًا بأن المراقبة وإجراء التجارب هما أفضل وسيلتين لمعرفة العلوم واستيعابها، لذلك ابتكرت هذه السلسلة الغنية بالاكتشافات.

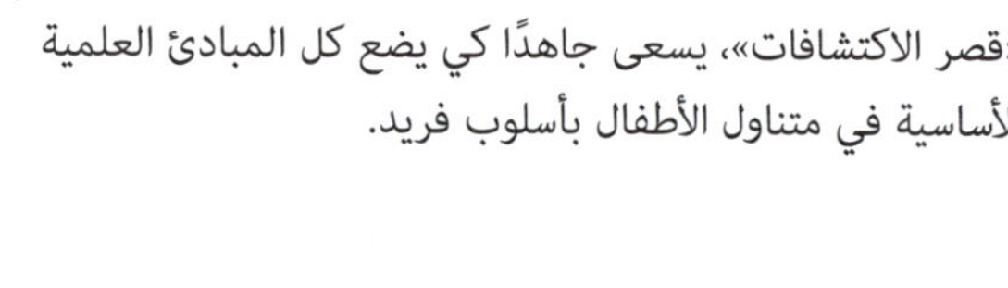

جاك غيشارد مبتكر مدينة الأطفال والمدير السابق لمتحف العلوم «قصر الاكتشافات»، يسعى جاهدًا كي يضع كل المبادئ العلمية الأساسية في متناول الأطفال بأسلوب فريد.

ينفذ لوران سيمون رسومات قصص الأطفال واليافعين، ويكتب لهم في بعض الأحيان. يحب الرسم للكتب المتخصصة العلمية وغير العلمية.

اختبر وتعلَّم
مع
الليمون

المحتويات

18 نظف قطعةً نقديةً.

20 اكتب رسالةً سريةً.

22 قم بتغيير الألوان.

24 اصنع جبنًا طازجًا.

26 انظر إلى الفقاقيع.

28 اصنع بركانًا.

تعرَّف على ثمرة الليمون

ثمرة الليمون الموجودة في سلَّة الفاكهة في المطبخ،
هل أمعنت النظر إليها عن قرب؟

ما شكلها؟

مربع — بيضاوي — دائري — مثلث — يصعب وصفه!

الإجابة: بيضاوي

ما لونها؟

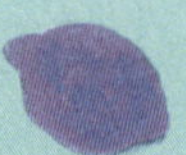

بنفسجي — برتقالي — بيج مرقط كالفهد — أبيض — أصفر — أخضر مع نقط زهرية

الإجابة: أصفر

هل هي أثقل من...؟

علبة الزبادي — ثمرة الخرشوف — عبوة المشروب الغازي

الإجابة: علبة الزبادي

برأيك، أين تنبت الليمونة؟

تحت الأرض — فوق التربة — على غصن شُجيرة — في قعر الماء

الإجابة: الليمونة ثمرة تنبت على شُجيرة الليمون.
والثمرة لها ساق صغير (السُّوَيْقة) يربطها بغصنها.

ابحث بين ثمار الفاكهة عن ثلاثة أقرباء لليمون

الكرز — الموز — الأناناس — البرتقال — الدراق

التفاح — اليوسفي — المشمش — الجريب فروت

الإجابة: البرتقال واليوسفي والجريب فروت. ومثل الليمون،
تنتمي هذه الفاكهة لفصيلة الحمضيات.

رائع! لقد كشفَتْ لك الليمونة بعض أسرارها.
اقلب الصفحة بسرعة لتعرف المزيد.

ماذا نجد داخل الليمونة؟

اطلب من شخص بالغ أن
يقطع ليمونة إلى نصفين،
وانظر جيدًا إلى لُبِّها!

الورق

يقسَّم لبُّ الليمونة إلى **فصوص**، ويتراوح عددها بين 8 و12 فصًّا. ابدأ بعدِّها! إنَّها اللُّب الغني بالعصير.

المحور الرئيسي

القشرة تتألف من جزئين:

الطبقة الخارجية
صفراء اللون وصلبة. إنَّها القشارة.

الطبقة الداخلية
بيضاء اللون وملمسها طري.

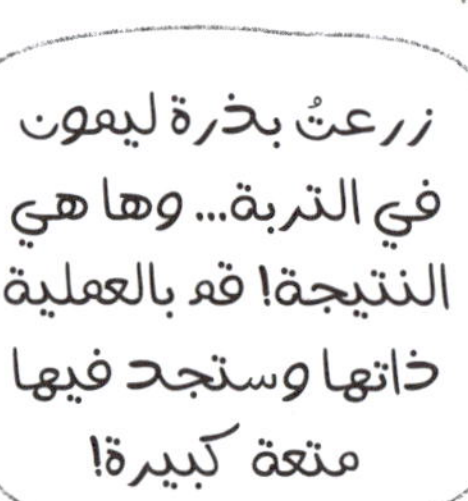

البذرة هي نواة الليمونة. فكم يبلغ عددها في الليمونة التي بين يديك؟

حيلة ذكية

انظر إلى قُشارة الليمونة مليًّا. سترى في القشرة الصفراء ثغورًا صغيرة مليئة بسائل! إنه خلاصة الليمون أو عطرها. انقرها وتذوقها، وستجد أن طعمها مرٌّ.

أحسنت، لم يعد يخفى عليك أي سرٍّ من أسرار الليمونة!

اعصر الليمونة

عصير ½ ليمونة معصورة يدويًّا

عصير ½ ليمونة معصورة بالعصَّارة

حيلة ذكية

قبل قطع الليمونة وعصرها، دلِّكها بشدَّة على الطاولة، فبذلك تحرِّر العُصارة داخل الأكياس (الحويصلات).

كيف تعمل العصَّارة؟

لقد اكتشفت الطريقة الأكثر فعالية لاستخراج عصير الليمونة، وفهمت طريقة عمل العصَّارة. أصبحت الآن بارعًا في استخدامها!

دعِ الليمونة تطفو

الليمونة الخضراء تغرق
في القعر!

لماذا تطفو الليمونة الصفراء،
وتغرق الليمونة الخضراء في القعر؟

انظر إلى الليمونة الصفراء المقشّرة.

لقد غرقت!

قشرة الليمونة الخضراء أكثر رقة، و**خالية من الفقاعات الهوائية**، ولهذا السبب **تغرق**.

يحتوي الجزء الأبيض من القشرة على **فقاعات هوائية** تجعل الليمونة الصفراء **تطفو**.

تهانينا، لقد اكتشفت كيف يسمح الهواء لليمونة بأن تطفو. إنها نتيجة مبدأ أرخميدس!

امنع لبَّ التفاحة من الفساد

ما الفرق بين نصفي التفاحة بعد مرور 4 ساعات؟

اللبُّ غير المشبَّع بعصير الليمون صار بنيًّا.

احتفظ اللُّب المشبَّع بعصير الليمون بلونه الأساسي.

لماذا يمنع عصير الليمون تحول لبِّ التفاحة للون البني؟

«يتفاعل» لبُّ التفاحة حين يلامس **الأوكسجين في الهواء، فيصبح** لونه بنيًّا. إنها عملية **الأكسدة** التي تنتج الميلانين.

يمنع عصير الليمون لبَّ التفاحة من الأكسدة... لاحتوائه على **فيتامين سي**.

أمر لا يصدَّق!

يتأكسد الموز والأفوكادو بسهولة، خلافًا للشمام أو الطماطم، إنَّهما يحتويان على فيتامين سي خاص بهما.

اكتسبْتَ معلومة جديدة حيث اختبرتَ خاصية عصير الليمون المضاد للأكسدة!

نظِّفْ قطعةً نقديةً

قطعة النقد الجديدة لونها أحمر، لأنها تحتوي على معدن النحاس الذي يعطيها هذا اللون.

مع مرور الوقت، يتفاعل النحاس مع الأوكسجين في الهواء، فيسودُّ أو يتأكسد.

بعد ساعة من الوقت...

لماذا أصبحت القطعة النقدية نظيفة ؟

يتفاعل **حِمْض الستريك** الموجود في عصير الليمون مع الطبقة السوداء، أو **طبقة الأكسدة** التي تغطي القطعة النقدية... **ويزيلها!**

أمر لا يصدَّق!

يستعان بالليمون كونه يزيل الأكسدة، لتلميع الأواني واللوازم المصنوعة من النحاس والفضة، كما يجعل البياضات أكثر بياضًا!

تهانينا، لقد لاحظت خاصية إزالة الأكسدة المميَّزة لعصير الليمون!

اكتب رسالةً سريةً

الرسالة تصبح جافة بعد مرور 5 دقائق.

لماذا يصبح أثر عصير الليمون مرئيًّا عند تعرضه للحرارة؟

بسبب احتوائه على **السكر**، **فإن الحرارة** تجعل السكر بني اللون تمامًا مثل السكر الأبيض بعد غليه على النار حيث **يتحول إلى كراميل!**

أحسنتْ، لقد اكتشفت أن عصير الليمون يحتوي على السكر، الذي يتحول إلى كراميل عند تسخينه!

قم بتغيير الألوان

بعد مرور ساعة،
صار عصير الملفوف الأحمر باردًا!

تعلق قطع الملفوف بالمصفاة.

اسكب 4 ملاعق صغيرة من عصير الليمون.

اسكب4 ملاعق صغيرة من الخل الأبيض.

ما الحيلة يا ترى؟

يصبح عصير الملفوف أحمر اللون عند ملامسة الحِمْض. وهذا يُثبت أن **الليمون** من الأحماض مثل الخل! وتتأكد من ذلك حين تشرب عصير الليمون. فإنَّ طعمه لاذع!

أنت كيميائي بارع! أصبحت الآن قادرًا على التعرف على المادة الحِمْضية.

اصنع جبنًا طازجًا

لماذا يتخثر الحليب ؟

إنه تفاعل كيميائي جديد! **حِمْض الستريك** الموجود في عصير الليمون **يجمِّد** جزءًا من **الحليب**... ونسميه الخُثارة.

بعد مرور ساعة

نسكب الحليب المتخثّر في مصفاة.

فوق قطعة قماش رقيقة.

ثم نضعه في البراد.

يُرشَّح الحليب المتخثّر حيث يسيل منه مصل الحليب.

بعد مرور 6 ساعات

أصبحتَ طباخًا ماهرًا بعد تخثير الحليب، إنَّها الخطوة الأولى في صناعة الجبن!

انظر إلى الفقاقيع

لماذا تظهر الفقاعات؟

بسبب التفاعل بين حِمْض الستريك الموجود في الليمون، ومادة الكلس في الصدَفة والطبشورة؛ تظهر فقاعات غازية، إنَّها ثاني أكسيد الكربون.

بعد ذلك، ماذا ترى؟

بسرعة، ينتشر كلس الطبشورة في العصير، ويلوِّنه باللون الأزرق.

شيئًا فشيئًا، تخسر الصدَفة كلسها، ويصبح المزيج أبيض اللون.

أمر لا يصدَّق!

يقضي عصير الليمون على الكلس أو الجير الذي يعلق على الصنابير (الحنفيات)، وبفضله تصبح كأنَّها جديدة!

يا لها من براعة! أصبح بإمكانك تحديد الأجسام التي تحتوي على الكلس... بفضل حِمْض الستريك الموجود في الليمون!

اصنع بركانًا

سكبتُ عصير ليمونتين،
وكمية مماثلة من الماء في
قارورة.
أضفتُ ملعقة صغيرة من
عصير الرمان ليصبح لونه
مثل حمم البركان.
كنا نصنع جبل البركان
من الرمل!

وضعتُ ملعقة صغيرة من بيكربونات الصوديوم في القارورة...

... ويبدأ البركان بالثوران!

يا للعجب!

بيكربونات الصوديوم

كيف تتشكل الحمم؟

يتفاعل **حِمْض الستريك** الموجود في عصير الليمون مع **بيكربونات الصوديوم**. وينتج هذا التفاعل الكيميائي فقاعات ثاني أكسيد الكربون، الذي يلفظ السائل الأحمر من القارورة.

حيلة ذكية

اصنع شرابًا غازيًّا في منزلك باستخدام عصير الليمون، وكمية مماثلة من الماء، وملعقة صغيرة من السكر، ورشة من البيكربونات!

بيكربونات + ليمون= ثاني أكسيد الكربون الفوَّار.
أحسنت، أصبحت تعرف هذه المعادلة عن ظهر قلب.